CW01665705

CEREALI NEL PIATTO

Anna Shillinglaw Hampton

Fotografie di Victoria Wall Harris

L'ippocampo

insalatiera

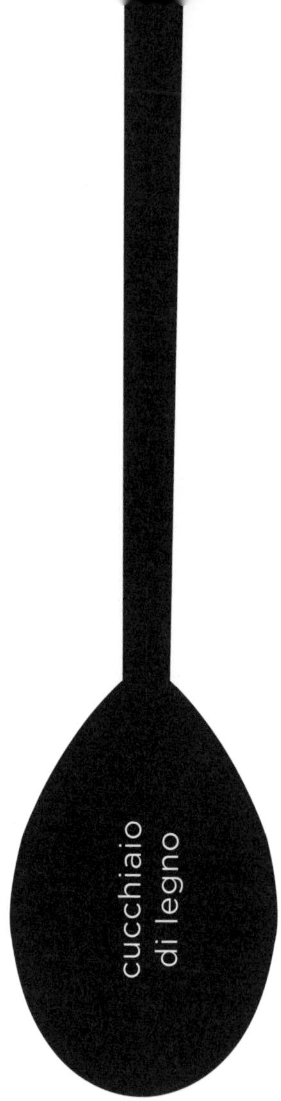
cucchiaio
di legno

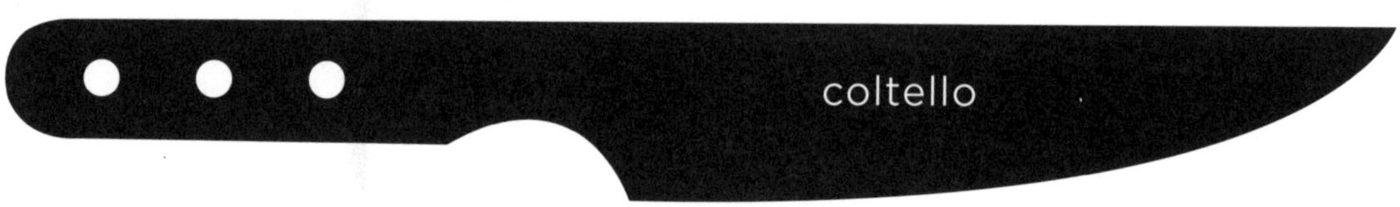
coltello

LE UNICHE ATTREZZATURE
DI CUI AVRETE BISOGNO

SOMMARIO

INTRODUZIONE

INSALATE COMPLETE

PIATTI VEGETARIANI

PIATTI DI CARNE & PESCE

SALSE & TOPPING

COMPOSIZIONE DI UN PIATTO COMPLETO

I cereali antichi sono tornati nei nostri piatti, ottima notizia per chi cerca un'alimentazione sana! A dire il vero non erano proprio scomparsi, ma si consumavano soprattutto dopo essere stati trasformati, vale a dire privati del loro rivestimento esterno benefico, e di vitamine, minerali e antiossidanti. Oggi, invece, i cereali integrali — come il farro spelta, il freekeh e l'orzo — sono facilmente reperibili e perciò ideali come ingredienti dei nostri pasti.

Le ricette che proponiamo sono spesso servite in una pratica insalatiera, per un pasto informale composto essenzialmente da ingredienti di qualità. I cereali sono anche una buona soluzione in caso di diete specifiche: la quinoa e il riso, ad esempio, sono perfetti per chi soffre di un'intolleranza al glutine, essendone privi, o di celiachia. Grazie alle proteine di origine vegetale, convengono anche a vegetariani e vegani.

Dai più delicati per gusto e consistenza — bulgur e freekeh — ai più profumati e consistenti — farro e grano — i cereali soddisfano ogni palato.

Gli abbinamenti possibili sono talmente tanti (frutta, verdura, carne e pesce) che è sempre facile togliere o aggiungere elementi per adattarsi alle esigenze di ogni membro della famiglia. Sono piatti da portare con sé al lavoro, da gustare all'aperto o per una cena leggera a casa.

In questo libro scoprirete piatti variegati per un pranzo ideale. Le ricette proposte si adattano a ogni appetito: insalate per uno spuntino, piatti vegetariani e vegani per un pasto più ricco e altri più consistenti a base di carne e pesce. Alcune ricette, come i brodi e i risotti, possono essere realizzate con una sola casseruola, mentre altre, più classiche, si basano sul mix degli ingredienti di base con una salsa e un accompagnamento. Tutti possono essere preparati in anticipo per comporre un pasto veloce, sano e appetitoso.

E ora, si comincia!

PREPARAZIONE DEL PIATTO

Seguite queste semplici istruzioni per preparare un pranzo delizioso a base di cereali, assemblando ingredienti diversi o seguendo la tecnica della cottura in una sola casseruola.

1.

SCEGLIERE IL CEREALE GIUSTO

Scegliete la semplicità del riso, un ingrediente di base che probabilmente avete già nella dispensa. Per un piatto più leggero optate per il freekeh spezzato o per l'orzo, associati a ortaggi verdi o insalata. I piatti preparati usando una sola casseruola, più abbondanti, sono ì adatti ai cereali più consistenti come il kamut e il grano intero. Ricordate di salare l'acqua di cottura per esaltare il sapore.

2.

ASSEMBLARE

Abbinate ingredienti complementari fra loro. Seguite la tabella di pagina 11 per conoscere tempi e modalità di cottura. Quando i cereali sono cotti, mescolateli con la vostra salsa preferita o conditeli con un filo d'olio, sale e pepe prima di aggiungere gli altri ingredienti.

3.

AGGIUNGERE VERDURE CRUDE

Affettate finemente le verdure crude, danno più croccantezza e si sposano bene con i cereali teneri. Prima di incorporarle, strofinate con il sale e la salsa le verdure più sode – come il cavolo e il cavolo riccio – per renderle più morbide.

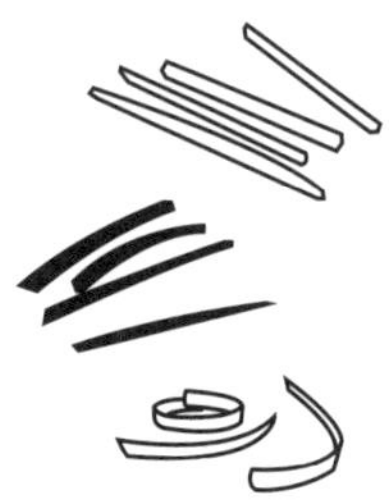

4.

O AGGIUNGERE VERDURE COTTE

Le verdure arrostite e saltate sono morbide e hanno un sapore più dolce di quelle crude. Si abbinano con cereali più consistenti e croccanti, come il farro, l'orzo e il grano intero. Tagliate a pezzi grossi le verdure da arrostire (come la zucca butternut e la patata dolce), perché cuocendo perdono volume.

5.

TRARRE IL MAGGIOR VANTAGGIO DAL PASTO

Aggiungete una o due proteine per rendere il piatto più abbondante e regolare il vostro appetito durante la giornata. Il tofu è un'eccellente fonte di proteine vegetali. La feta e le uova sono ingredienti ideali per i vegetariani. Per un piatto che sazi di più, scegliete carne o pesce.

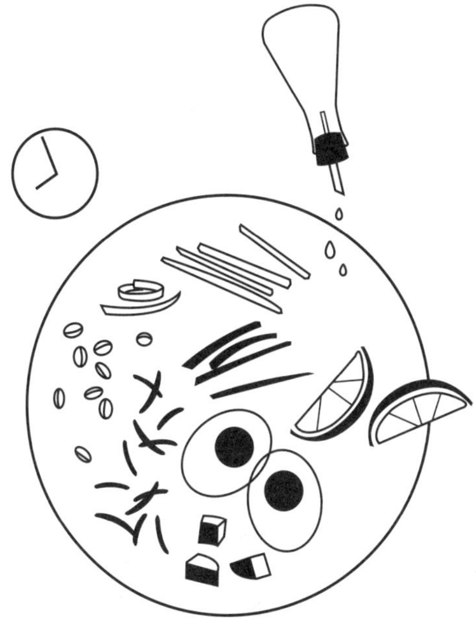

6.

AGGIUNGERE UNA SALSA O UN TOPPING DI QUALITÀ

Legate il tutto con una salsa o un topping preparati in casa, per esaltare il sapore e rendere meno asciutto il piatto. Nell'ultimo capitolo troverete le ricette dei pickles di cipolla rossa (p. 180), del topping di pomodori ciliegino (p. 184) e della salsa al miso & limone verde (p. 172), per preparare velocemente una cena leggera.

7.

DARE IL TOCCO FINALE

Noci tostate, erbe fresche o salse già pronte possono trasformare in un attimo un piatto già buono in una preparazione squisita. Le salse harissa e sriracha danno un gusto piccante, le erbe freschezza e colore, lo yogurt cremosità e la salsa teriyaki o l'olio di sesamo complessità. Anche un pizzico di fior di sale o un po' di succo di limone daranno più gusto al vostro piatto.

8.

O UTILIZZARE LA TECNICA DELLA COTTURA IN UNA SOLA CASSERUOLA

Per preparare un brodo o un risotto usando una sola casseruola, iniziate a dorare i cereali in un filo d'olio per 1-2 minuti. Versate quindi i liquidi, per esempio pomodori con il loro succo o del brodo di pollame, quindi aggiungete le verdure o la carne e cuocete fino a quando non sono morbide.

SAPERE TUTTO SUI CEREALI

Ecco una piccola guida pratica sulla cottura dei cereali, arricchita con qualche trucco.

LAVARE

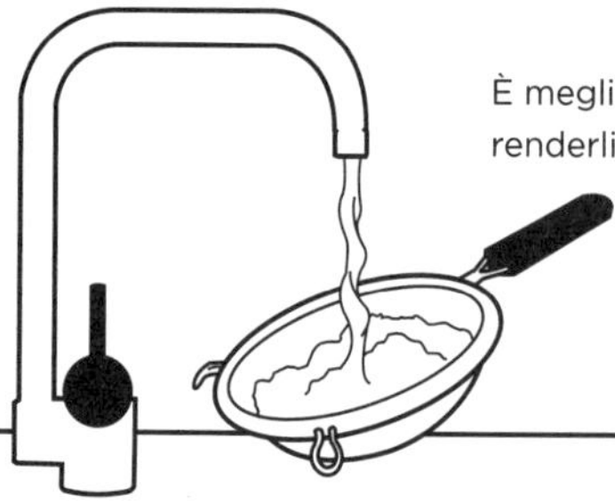

È meglio risciacquare i cereali prima di cuocerli per ridurne il gusto amaro e renderli meno collosi. In questo modo eliminerete anche le eventuali impurità.

AMMOLLARE

È consigliabile mettere a bagno per una notte alcuni cereali più sodi che richiedono un tempo di cottura lungo, come il grano intero. L'ammollo permette di ammorbidirli e riduce i tempi di cottura. Secondo gli esperti, questo metodo ha il vantaggio di ridurre il tasso di acido fitico dei cereali, rendendoli più digeribili e facilitando l'assorbimento dei nutrienti. Metteteli in un'insalatiera e versate acqua tiepida fino a 5 cm al di sopra della superficie. Per trarre il massimo del beneficio, lasciateli a bagno per 12-24 ore.

DORARE

Dorate i cereali in un po' di materia grassa (olio extravergine d'oliva) per 1-2 minuti, per sviluppare il loro sapore di nocciola ed evitare che si attacchino dopo la cottura.

CONGELARE

I cereali cotti si conservano fino a 5 giorni in frigorifero. Potete quindi prepararne una quantità più abbondante e consumarli durante la settimana. È anche possibile congelarli negli appositi sacchetti, così da averli sempre a disposizione per preparare velocemente un pasto.

100 G DI CEREALI	ACQUA (ML)	TEMPO DI COTTURA	PESO COTTO	SENZA GLUTINE
GRANO INTERO	325 ml	50-60 minuti, coperto	circa 240 g	no
BULGUR	450 ml	10-15 minuti, coperto	circa 300 g	no
FARRO SPELTA	300 ml	50-70 minuti, coperto	circa 230 g	no
FARRO	350 ml	25 minuti, coperto	circa 200 g	no
FREEKEH (SPEZZATO)	300 ml	15-20 minuti, coperto	circa 240 g	no
KAMUT	300 ml	50-60 minuti, coperto	circa 240 g	no
ORZO	350 ml	25 minuti, coperto	circa 300 g	no
QUINOA NERA	350 ml	25-30 minuti coperto, 5 minuti scoperto	circa 230 g	sì
QUINOA ROSSA E BIANCA	225 ml	15 minuti coperto, 15-20 minuti scoperto	circa 200 g	sì
RISO PER SUSHI	300 ml	20 minuti coperto, 5-10 minuti scoperto	circa 275 g	sì
RISO BASMATI	300 ml	15-20 minuti, coperto	circa 250 g	sì
RISO INTEGRALE	300 ml	25-30 minuti, coperto	circa 250 g	sì
RISO NERO	300 ml	35-40 minuti coperto, 5 minuti scoperto	circa 250 g	sì
RISO SELVAGGIO	375 ml	50-60 minuti, coperto	circa 250 g	sì
GRANO SARACENO DECORTICATO	450 ml	10-15 minuti, coperto	circa 275 g	sì

I TIPI DI CEREALI

Oltre a quelli presentati in questo volume, esistono molti altri cereali e semi. Le varietà di riso, di teff e di miglio, per citare solo queste, sono innumerevoli. Abbiamo selezionato un ventaglio di cereali da teneri a consistenti, dal gusto leggero o più pronunciato.

RISO PER SUSHI
RISO NERO
ORZO
RISO INTEGRALE
GRANO SARACENO
FARRO
RISO SELVAGGIO
RISO BASMATI
QUINOA ROSSA
QUINOA BIANCA
QUINOA NERA

PER COMPLETARE

Ispiratevi a questa guida per arricchire i vostri cereali con ingredienti semplici, che in un attimo daranno al piatto più consistenza e un sapore delizioso.

SEMI DI MELAGRANA
SCAGLIE DI COCCO
DOLCI
MIELE
MIRTILLI
MORE
SUCCO DI LIMONE
ACIDI
SUCCO DI LIMONE VERDE
SALATI
SALE MARINO
PARMIGIANO
YOGURT BIANCO
FETA
CAPPERI
CREMOSI

INSALATE COMPLETE

Queste insalate nascono dall'abbinamento di verdure croccanti con cereali dal gusto di noce e nocciola. Dall'insalata leggera vegetariana a quella più ricca a base di proteine animali, le possibilità di soddisfare ogni gusto e ogni appetito sono infinite!

INSALATA DI CAVOLO RICCIO

preparazione: 15 minuti

per 2 persone

200 g di farro spelta cotto (90 g crudo)
50 g di cavolo riccio, affettato finemente
120 g di pomodori ciliegino, tagliati a metà
2 cucchiai di parmigiano, a scaglie
1 cucchiaio di succo di limone
1 cucchiaino di olio extravergine d'oliva
125 ml di salsa al latticello & erbe (p. 176)
Sale marino e pepe di mulinello

provate anche con il kamut

ricetta

Strofinate il cavolo riccio con sale, pepe, olio extravergine d'oliva e succo di limone e fate riposare per 5 minuti. Disponete il farro spelta, il cavolo e i pomodori ciliegino in due ciotole o in due piatti. Irrorate con la salsa, salate e pepate. Completate con le scaglie di parmigiano.

GAMBERETTI & LATTUGA CAPPUCCINA

preparazione: 15 minuti

per 2 persone

250 g di grano saraceno cotto (90 g crudo)
150 g di gamberetti cotti in acqua, tagliati a pezzettoni
75 g di lattuga cappuccina, tagliata a mano
50 g di cetriolo, tagliato a rondelle
2-4 cucchiai di yogurt all'aneto (p. 170)
Sale e pepe di mulinello
Aneto sminuzzato, per completare

provate anche con l'orzo

ricetta

In un'insalatiera mescolate i gamberetti, la lattuga e il cetriolo con 2-3 cucchiai di yogurt. Mettete il grano saraceno in due ciotole o due piatti e aggiungete l'insalata di gamberetti. Aggiungete eventualmente altro yogurt. Salate, pepate e cospargete di aneto.

INSALATA DI TONNO

preparazione: 15 minuti

per 2 persone

150 g di tonno in scatola, sgocciolato e sbriciolato
190 g di kamut cotto (80 g crudo)
125 g di fagiolini, sbollentati e tagliati a pezzetti
2 uova sode, tritate (110 g)
2-3 cucchiai di salsa alla senape (p. 174)
Sale e pepe di mulinello

provate anche con il farro spelta

ricetta

Mettete il kamut in due ciotole. Disponetevi in ordine i fagiolini, il tonno e le uova. Irrorate con la salsa, salate e pepate.

ANGURIA & FETA

preparazione: 15 minuti

per 2 persone

200 g di anguria, tagliata a dadini
250 g di quinoa cotta (125 g cruda)
40 g di feta, sbriciolata
100 g di cetriolo, tagliato a dadini
3-4 cucchiai di topping di pomodori ciliegino (p. 184)
Sale e pepe di mulinello

provate anche con il bulgur

ricetta

Mettete la quinoa, l'anguria e il cetriolo in due ciotole.
Aggiungete il topping di pomodori ciliegino e la feta. Salate e pepate.

WALDORF SEDANO & MELA

preparazione: 15 minuti

per 2 persone

200 g di grano saraceno cotto (75 g crudo)
60 g di lattuga cappuccina, tagliata a mano
1 mela (80 g), tagliata a fiammifero
70 g di sedano, tagliato a pezzetti
40 g di noci tostate, tritate
1 cucchiaio di olio extravergine d'oliva
2 cucchiai di yogurt all'aneto (p. 170)
Sale e pepe di mulinello

provate anche con la quinoa

ricetta

Mescolate il grano saraceno con l'olio, salate e pepate. Disponete in due ciotole. In un'insalatiera mescolate la lattuga con il sedano, la mela e lo yogurt. Distribuiteli sul grano saraceno. Completate con le noci, sale e pepe.

INSALATA COBB

preparazione: 15 minuti

per 2 persone

200 g di quinoa cotta (100 g cruda)
200 g di pollo arrosto, tagliato a striscioline
2 uova sode, tritate
40 g di formaggio erborinato
4 fette di pancetta affumicata (30 g), cotte e sminuzzate
1 avocado sbucciato, privato del nocciolo e affettato
3-4 cucchiai di salsa al latticello & erbe (p. 176)
Sale e pepe di mulinello

provate anche con il freekeh

ricetta

Mettete la quinoa, il pollo, le uova e l'avocado in due piatti. Irrorate con la salsa, salate e pepate. Completate con il formaggio e la pancetta affumicata.

RISO SELVAGGIO & SALMONE

preparazione: 15 minuti

per 2 persone

200 g di riso selvaggio cotto (80 g crudo)
150 g di salmone cotto, sbriciolato
125 g di fagioli bianchi
50 g di misto di insalate a foglia piccola
40 g di olive Kalamata, tagliate a metà
3-4 cucchiai di salsa al latticello & erbe (p. 176)
Sale e pepe di mulinello

provate anche con il grano saraceno

ricetta

Mescolate con la salsa il riso, i fagioli, l'insalata e le olive. Servite in due piatti unendo il salmone. Aggiungete un po' di salsa, salate e pepate.

CAVOLINI DI BRUXELLES & PANCETTA AFFUMICATA

preparazione: 20 minuti

per 2 persone

150 g di quinoa cotta (75 g cruda)
250 g di cavolini di Bruxelles, affettati finemente con il coltello o con la mandolina
4 fette di pancetta affumicata (30 g), cotte e sminuzzate
2 cucchiai di parmigiano grattugiato
3 cucchiai di salsa alla senape (p. 174)
30 g di noci tostate (facoltativo)
Pickles di cipolla rossa (p. 180)
Sale e pepe di mulinello

provate anche con il freekeh

ricetta

Mescolate i cavolini di Bruxelles con 1 cucchiaio di salsa e un pizzico di sale. Fate riposare per 5-10 minuti. Disponete la quinoa in due ciotole e aggiungete i cavolini, la pancetta affumicata e il parmigiano. Irrorate con la salsa rimasta e completate con i pickles di cipolla rossa e le noci, a piacere. Salate e pepate.

LATTUGA ROMANA & CAROTA

preparazione: 15 minuti

per 2 persone

200 g di orzo cotto (75 g crudo)
150 g di carote arrostite (225 g crude)
150 g di lattuga romana,
le foglie separate e tagliate a striscioline
3 cucchiai di nocciole tostate
3-4 cucchiai di salsa al latticello & erbe (p. 176)
15 g di erba cipollina, sminuzzata
15 g di prezzemolo, tritato
Sale e pepe di mulinello

provate anche con il grano saraceno

ricetta

In un'insalatiera mescolate l'orzo, le carote e la lattuga con la salsa. Salate, pepate e cospargete di nocciole e di erbe.

MANZO THAI

preparazione: 15 minuti

per 2 persone

250 g di riso nero cotto (100 g crudo)
200 g di spuntatura di lombo cotta, tagliata a fette
50 g di cetriolo, tagliato a rondelle
50 g di foglioline di lattuga romana
3-4 cucchiai di salsa di soia (p. 182)
Sale e pepe di mulinello

provate anche con il riso integrale

ricetta

In un'insalatiera mescolate il riso, la spuntatura di lombo, il cetriolo e la lattuga con la salsa. Servite in due ciotole e regolate di sale e pepe.

CAVOLO NERO TOSCANO & POLLO

preparazione: 15 minuti

per 2 persone

200 g di farro spelta cotto (90 g crudo)
50 g di cavolo nero toscano, tagliato a mano
150 g di pollo cotto, tagliato a striscioline
40 g di bocconcini di mozzarella marinati, tagliati in quattro
80 g di topping di pomodori ciliegino (p. 184)
Un filo di olio extravergine d'oliva
Sale e pepe di mulinello

provate anche con il grano intero

ricetta

Mescolate il cavolo nero con l'olio extravergine d'oliva e un pizzico di sale: strofinate le foglie per ammorbidirle. Aggiungete il farro spelta e il pollo e mettete nei due piatti. Disponete i bocconcini di mozzarella e il topping di pomodori ciliegino. Salate e pepate.

AVOCADO & MAIS

preparazione: 15 minuti

per 2 persone

200 g di orzo cotto (70 g crudo)
75 g di lattuga romana, tagliata a striscioline
100 g di mais dolce, cotto
1 avocado sbucciato, privato del nocciolo e tagliato a dadini
100 g di topping di pomodori ciliegino (p. 184)
Sale e pepe di mulinello

ricetta

Mescolate in un'insalatiera l'orzo, la lattuga, il mais e l'avocado. Aggiungete il topping di pomodori ciliegino. Disponete in due ciotole. Irrorate con un filo dell'olio del topping, salate e pepate.

INSALATA PRIMAVERILE DI MANZO

preparazione: 15 minuti

per 2 persone

200 g di farro spelta cotto (90 g crudo)
60 g di foglie piccole di cavolo riccio
120 g di bistecca cotta, tagliata a fette
15 g di pickles di cipolla rossa (p. 180)
2-3 cucchiai di salsa al latticello & erbe (p. 176)
Sale e pepe di mulinello

provate anche con l'orzo

ricetta

Mescolate il cavolo riccio con 1 cucchiaio di salsa e un pizzico di sale. Suddividete in due piatti il farro spelta, la carne e il cavolo. Irrorate con la salsa rimasta. Salate, pepate e completate con i pickles di cipolla rossa.

POLLO & RUCOLA

preparazione: 15 minuti

per 2 persone

200 g di orzo cotto (70 g crudo)
160 g di petto di pollo cotto, tagliato a dadini
15-20 g di foglioline di rucola (una manciatina per persona)
125 g di cuori di carciofo, tagliati a metà
2-3 cucchiai di salsa alla senape (p. 174)
30 g di mandorle tostate (facoltativo)
Sale e pepe di mulinello

provate anche con il farro

ricetta

Disponete in due ciotole l'orzo, il pollo, i cuori di carciofo e la rucola. Aggiungete la salsa, salate e pepate. Completate a piacere con le mandorle tostate.

INSALATA INVERNALE VEGETARIANA

preparazione: 15 minuti

per 2 persone

250 g di farro cotto (125 g crudo)
150 g di barbabietole arrostite, tagliate a fettine o a spicchi
200 g di arance, sbucciate e tagliate a spicchi
75 g di radicchio, sfogliato
2-3 cucchiai di salsa agli agrumi (p. 186)
35 g di mandorle intere, tostate e tritate
Sale e pepe di mulinello

provate anche con l'orzo

ricetta

Mescolate il farro, le arance e il radicchio con 1 cucchiaio di salsa. Mescolate la barbabietola con un altro cucchiaio di salsa. Disponete il farro in due ciotole e distribuite la barbabietola. Irrorate con la salsa rimasta e completate con le mandorle. Salate e pepate.

LENTICCHIE & RICCIA

preparazione: 15 minuti

per 2 persone

200 g di quinoa cotta (100 g cruda)
100 g di lenticchie verdi cotte
2 uova in camicia
50 g di insalata riccia, tagliata a mano
15 g di dragoncello tritato, più un po' per decorare
3-4 cucchiai di salsa alla senape (p. 174)
Sale e pepe di mulinello

provate anche con il bulgur

ricetta

Mescolate con la salsa la quinoa, le lenticchie, l'insalata riccia e il dragoncello. Salate e pepate. Disponete nelle due ciotole e aggiungete un uovo in camicia per ciascuna. Cospargete di dragoncello.

BARBABIETOLA & CRESCIONE

preparazione: 15 minuti

per 2 persone

250 g di grano intero cotto (105 g crudo)
2 barbabietole cotte (140 g), tagliate a dadini
30 g di crescione
30 g di caprino, sbriciolato
2 cucchiai di salsa alla senape (p. 174)
Sale e pepe di mulinello

provate anche con il farro spelta

ricetta

Mescolate il grano e il crescione con 1 cucchiaio di salsa in un'insalatiera.
In un'altra insalatiera mescolate la barbabietola con la salsa rimasta.
Disponete in due ciotole. Completate con il caprino sbriciolato. Salate e pepate.

INSALATA DI TROTA AFFUMICATA

preparazione: 15 minuti

per 2 persone

200 g di farro cotto (100 g crudo)
80 g di trota affumicata cotta
250 g di indivie sfogliate
40 g di ravanelli, affettati
3-4 cucchiai di salsa alla senape (p. 174)
Sale e pepe di mulinello
Un ciuffo di erba cipollina, tritata finemente, per decorare

provate anche con l'orzo

ricetta

Disponete il farro, la trota, l'indivia e i ravanelli in due ciotole.
Irrorate con la salsa, salate, pepate e completate con l'erba cipollina.

TAGLIATELLE DI CAROTE & ZUCCHINE

preparazione: 15 minuti

per 2 persone

250 g di bulgur cotto (85 g crudo)
85 g di carote di colori diversi, tagliate a nastro
100 g di zucchine verdi e gialle, tagliate a nastro
50 g di ricotta
3-4 cucchiai di salsa agli agrumi (p. 186)
Sale e pepe di mulinello
Erba cipollina, tritata finemente, per decorare

provate anche con il freekeh

ricetta

In un'insalatiera mescolate il bulgur con 2 cucchiai di salsa. Mettetelo in due piatti. Nella stessa insalatiera, mescolate le carote e le zucchine in 1 cucchiaio di salsa. Distribuitele sul bulgur e completate con la ricotta. Salate, pepate e cospargete di erba cipollina.

FICO & CAVOLO RICCIO

preparazione: 15 minuti

per 2 persone

250 g di riso nero cotto (100 g crudo)
75 g di cavolo nero toscano, tagliato a mano
100 g di zucca Delicata arrostita, tagliata a pezzetti
30 g di fichi, tagliati a metà o in quattro
20 g di noci di pecan, tritate
3-4 cucchiai di salsa agli agrumi (p. 186)
Sale e pepe di mulinello

provate anche con il farro

ricetta

Mescolate il riso nero con il cavolo nero e 1-2 cucchiai di salsa. Disponete in due piatti. Aggiungete la zucca, i fichi e le noci di pecan. Irrorate con la salsa rimasta, salate e pepate.

INSALATA ESTIVA DI CECI

preparazione: 15 minuti

per 2 persone

200 g di quinoa nera cotta (90 g cruda)
200 g di pomodori di varietà antiche, tagliati a pezzetti
125 g di cipolle grigliate, tagliate a pezzetti
160 g di ceci in scatola, sgocciolati e risciacquati
2-3 cucchiai di chimichurri (p. 178)
Sale e pepe di mulinello

provate anche con il freekeh

ricetta

Disponete la quinoa, i pomodori, le cipolle e i ceci in due ciotole.
Irrorate con la salsa chimichurri, salate e pepate.

PIATTI VEGETARIANI

Questi piatti vegetariani saziano talmente da costituire un pasto.
Nel capitolo troverete anche ricette vegane a base di cereali nutrienti,
con deliziose salse e accompagnamenti per completare il tutto.

RATATOUILLE & QUINOA ROSSA

preparazione: 15 minuti

per 2 persone

250 g di quinoa cotta (125 g cruda)
125 g di zucchine grigliate, tagliate a pezzetti
200 g di melanzane grigliate, tagliate a pezzetti
30 g di feta sbriciolata
150 g di topping di pomodori ciliegino (p. 184)
Sale e pepe di mulinello

provate anche con il bulgur

ricetta

Disponete la quinoa, le melanzane e le zucchine in due piatti
Aggiungete il topping di pomodori ciliegino e la feta. Salate e pepate.

BIBIMBAP

preparazione: 15 minuti

per 2 persone

200 g di riso integrale cotto (80 g crudo)
130 g di zucchine, tagliate a fiammifero e leggermente saltate
80 g di carote, tagliate a fiammifero e leggermente saltate
100 g di kimchi
2 uova al tegamino
Sale e pepe di mulinello

provate anche con il riso per sushi

ricetta

Mescolate metà del kimchi con il riso e mettete il composto, le zucchine, e le carote in due ciotole. Completate con il kimchi rimasto e le uova al tegamino. Salate e pepate.

MAIS & POMODORO

preparazione: 15 minuti

per 2 persone

250 g di freekeh cotto (105 g crudo)
200 g di mais dolce abbrustolito
100 g di burrata (o di mozzarella), tagliata a striscioline
150 g di pomodori ciliegino, tagliati a metà
3-4 cucchiai di chimichurri (p. 178)
Sale e pepe di mulinello

provate anche con il bulgur

ricetta

Mescolate il freekeh con 2 cucchiai di chimichurri.
Metteteli in due ciotole e aggiungete il mais, i pomodori ciliegino e la burrata.
Irrorate con la salsa chimichurri rimasta, salate e pepate.

TABOULÉ & HUMMUS

preparazione: 15 minuti

per 2 persone

200 g di bulgur cotto (75 g crudo)
80 g di cetriolo, tagliato a dadini
120 g di hummus
50 g di pickles di cipolla rossa (p. 180)
3-4 cucchiai di chimichurri (p. 178)
1 pane pita, tostato
Sale e pepe di mulinello

provate anche con il freekeh

ricetta

Mescolate il bulgur con 2-3 cucchiai di chimichurri. Disponete in due piatti e aggiungete l'hummus, il cetriolo e i pickles di cipolla rossa. Irrorate con la salsa chimichurri rimasta, salate e pepate. Completate con pezzetti di pane pita.

FARROTTO DI ZUCCA ACORN

preparazione: 35 minuti

per 2 persone

150 g di farro crudo
225 g di zucca acorn, arrostita, affettata
1 cipolla rossa, affettata
15 g di parmigiano grattugiato, più un po' per completare
1 cucchiaio di olio extravergine d'oliva
Sale e pepe di mulinello
Un ciuffo di prezzemolo (solo le foglie)

provate anche con l'orzo

ricetta

Scaldate l'olio in una padella e rosolate la cipolla per 5-6 minuti, finché non è morbida. Aggiungete il farro e dorate per 1-2 minuti. Versate dell'acqua e portate a ebollizione. Coprite e cuocete per 25-30 minuti, finché il farro non è tenero. Incorporate il parmigiano e la zucca e scaldate. Salate, pepate e cospargete di parmigiano e prezzemolo.

SPINACI & UOVA

preparazione: 15 minuti

per 2 persone

250 g di farro cotto (125 g crudo)
125 g di spinaci cotti in padella
150 g di funghi grigliati, tagliati a metà
2 uova in camicia
2-3 cucchiai di salsa alla senape (p. 174)
Sale e pepe di mulinello

provate anche con il riso integrale

ricetta

Mescolate il farro con 1 cucchiaio di salsa.
Distribuite il farro, gli spinaci e i funghi in due ciotole.
Disponete in ognuna un uovo in camicia e la salsa rimasta.
Salate e pepate.

LABNÉ & CAROTE ARROSTITE

preparazione: 15 minuti

per 2 persone

200 g di carote arrostite (300 g crude)
200 g di farro cotto (100 g crudo)
150 g di labné
100 g di cipollotti grigliati (200 g/2 mazzi crudi)
3-4 cucchiai di olio piccante (p. 188)
Sale e pepe di mulinello
Una manciatina di pistacchi (facoltativo)

provate anche con l'orzo

ricetta

Disponete il farro, le carote, i cipollotti e il labné in due ciotole. Salate, pepate e irrorate di olio piccante. Cospargete di pistacchi a piacere.

CAVOLO VERZA & UOVO

preparazione: 15 minuti

per 2 persone

200 g di quinoa rossa e bianca cotta (100 g cruda)
120 g di zucca Butternut arrostita, tagliata a dadini
150 g di cavolo verza saltato
2 uova in camicia
Pickles di cipolla rossa (p. 180)
Salsa alla senape (p. 174)
Sale e pepe di mulinello

provate anche con il riso basmati

ricetta

Mettete la quinoa, il cavolo e la zucca in due piatti. Disponete 1 uovo in camicia in ogni piatto, salate e pepate. Aggiungete i pickles di cipolla rossa e irrorate con la salsa.

CAVOLO RICCIO & UOVO

preparazione: 15 minuti

per 2 persone

100 g di cavolo riccio cotto a vapore, salato e pepato
200 g di riso integrale cotto (80 g crudo)
1 avocado sbucciato, privato del nocciolo e affettato
60 g di harissa
2 uova al tegamino
Sale e pepe di mulinello

provate anche con la quinoa

ricetta

Disponete il riso integrale, il cavolo riccio e l'avocado in due piatti.
Completate con 2-3 cucchiai di harissa e 1 uovo al tegamino. Salate e pepate.

FUNGHI & ORZO

preparazione: 40 minuti

per 2 persone

100 g di orzo perlato
200 g di funghi selvatici crudi
1 cipolla (100 g), tagliata a dadini
20 g di foglie piccole di rucola
40 g di caprino, sbriciolato
3 cucchiai di olio extravergine d'oliva
Un ciuffo di prezzemolo, tritato finemente
Sale e pepe di mulinello

provate anche con il farro

ricetta

Scaldate 2 cucchiai di olio in una padella. Aggiungete i funghi, salate e rosolate per 5-7 minuti, finché non sono morbidi e hanno rilasciato la loro acqua. Tenete da parte. Versate nella padella l'olio rimasto. Saltate la cipolla e l'orzo per 3 minuti, mescolando, finché la cipolla non è tenera. Versate 450 ml d'acqua, coprite e cuocete per 25 minuti, finché l'orzo non è morbido. Aggiungete i funghi, il caprino e la rucola. Mescolate, salate, pepate e completate con il prezzemolo. Servite in due piatti.

ASPARAGI MIMOSA

preparazione: 15 minuti

per 2 persone

200 g di quinoa cotta (100 g cruda)
200 g di asparagi tagliati a tocchetti
2 uova sode, tagliate a metà e grattugiate
40 g di yogurt all'aneto (p. 170)
1 cucchiaio di olio extravergine d'oliva
Sale e pepe di mulinello

provate anche con l'orzo

ricetta

Rosolate gli asparagi nell'olio, salate e pepate.
Mettete la quinoa, gli asparagi e le uova in due ciotole.
Completate con lo yogurt, salate e pepate.

TAJINE DI VERDURE

preparazione: 15 minuti

per 2 persone

150 g di freekeh cotto
100 g di carote arrostite (circa 200 g crude), tagliate a pezzetti di sbieco
1 cucchiaio di olio extravergine d'oliva
2-3 cucchiaini di ras-el-hanout
600 ml di polpa di pomodoro a pezzetti
50 g di olive verdi, snocciolate
Sale e pepe di mulinello
Yogurt bianco e 15 ciuffi di coriandolo, per decorare

provate anche con la quinoa

ricetta

Scaldate l'olio in una padella e tostate il ras-el-hanout per 1 minuto.
Aggiungete i pomodori e 200 ml d'acqua, poi cuocete a fuoco basso per 10 minuti.
Unite le carote, le olive e il freekeh, quindi portate a ebollizione. Salate e pepate.
Disponete in due piatti fondi o in due ciotole e completate con lo yogurt e il coriandolo.

PESCHE GRIGLIATE & RISO NERO

preparazione: 15 minuti

per 2 persone

250 g di riso nero cotto (100 g crudo)
150 g di pesche, tagliate a fettine e grigliate
40 g di cipollotti, affettati finemente
80 g di piselli mangiatutto (taccole), tagliati a tocchetti
3-4 cucchiai di salsa agli agrumi (p. 186)
Sale e pepe di mulinello

provate anche con il farro

ricetta

Mescolate il riso nero con 1 cucchiaio di salsa.
Mettetelo in due piatti con le pesche, i piselli mangiatutto e i cipollotti.
Irrorate con la salsa rimasta, salate e pepate.

CAVOLFIORE ARROSTO

preparazione: 15 minuti

per 2 persone

200 g di farro spelta cotto (90 g crudo)
150 g di cavolfiore arrosto
150 g di cavolini di Bruxelles affettati finemente
2-3 cucchiai di salsa al miso & limone verde (p. 172)
2-3 cucchiai di semi di melagrana
Sale e pepe di mulinello

provate anche con il kamut

ricetta

Mettete il farro spelta, il cavolfiore e i cavolini di Bruxelles in due ciotole. Irrorate con la salsa e cospargete di melagrana. Salate e pepate.

BROCCOLETTI & TOFU

preparazione: 15 minuti

per 2 persone

250 g di grano saraceno cotto (95 g crudo)
150 g di tofu grigliato in padella (250 g crudo)
150 g di broccoletti cotti
2-4 cucchiai di salsa al miso & limone verde (p. 172)
Sale e pepe di mulinello
Semi di sesamo, per completare

provate anche con il riso integrale

ricetta

Mescolate il grano saraceno con 2 cucchiai di salsa.
Metteteli in due ciotole. Aggiungete in ogni ciotola i broccoletti e il tofu, salate e pepate. Irrorate con la salsa rimasta e cospargete di semi di sesamo.

PATATA DOLCE & RISO NERO

preparazione: 15 minuti

per 2 persone

250 g di riso nero cotto (100 g crudo)
250 g di patata dolce, tagliata a dadini e arrostita
120 g di cavolo rosso, affettato finemente
15 g di pickles di cipolla rossa (p. 180)
2-3 cucchiai di salsa alla senape (p. 174)
Sale e pepe di mulinello

provate anche con la quinoa

ricetta

Mescolate il cavolo con 1 cucchiaio di salsa e un pizzico di sale. Amalgamatelo bene con la salsa per ammorbidirlo. Mettete il riso nero con le patate dolci e il cavolo in due piatti. Completate con i pickles di cipolla rossa e irrorate con la salsa rimasta. Salate e pepate.

ZUCCA BUTTERNUT & FINOCCHIO

preparazione: 15 minuti

per 2 persone

250 g di orzo perlato cotto (85 g crudo)
130 g di zucca Butternut arrostita, a dadini
125 g di finocchio, affettato
30 g di pistacchi, tritati
3-4 cucchiai di salsa alla senape (p. 174)
Sale e pepe di mulinello

provate anche con il farro

ricetta

Mescolate l'orzo con 1 cucchiaio di salsa. Mettetelo in due piatti. Aggiungete in ogni piatto la zucca e il finocchio. Irrorate con la salsa rimasta e cospargete di pistacchi. Salate e pepate.

CHILI DI QUINOA

preparazione: 30 minuti

per 2 persone

90 g di quinoa rossa e bianca cruda
140 g di fagioli pinto o di fagioli rossi
100 g di mais dolce cotto
300 g di polpa di pomodoro a pezzetti
2 cucchiaini di peperoncino macinato
1 cucchiaio di olio extravergine d'oliva
Sale e pepe di mulinello
15 g di coriandolo, per completare
30 g di cheddar grattugiato, per completare

provate anche con il riso integrale

ricetta

Scaldate l'olio in una padella e rosolate il peperoncino in polvere e la quinoa per 2 minuti. Aggiungete i pomodori, 450-500 ml d'acqua, i fagioli e il mais. Cuocete per 20 minuti, finché la quinoa non sarà morbida. Salate e pepate. Servite in due ciotole cospargendo con il coriandolo e il formaggio grattugiato.

INSALATA CALIFORNIANA

preparazione: 15 minuti

per 2 persone

200 g di orzo perlato cotto (70 g crudo)
150 g di patata dolce a dadini, arrostita (225 g cruda)
3 barbabietole crude (100 g), a fiammifero sottile
1 avocado (130 g), sbucciato, privato del nocciolo e a dadini
3-4 cucchiai di salsa al miso & limone verde (p. 172)
Sale e pepe di mulinello
Una manciatina di semi germogliati, per completare

provate anche con il farro

ricetta

Mettete l'orzo, la patata dolce, la barbabietola e l'avocado in due ciotole. Irrorate con la salsa, salate e pepate. Completate con i semi germogliati.

SHIITAKE & PAK CHOI

preparazione: 15 minuti

per 2 persone

250 g di grano saraceno cotto (95 g crudo)
150 g di shiitake affettati, cotti
100 g di pak choi piccolo cotto, tritato
3-4 cucchiai di salsa di soia (p. 182)
Sale e pepe di mulinello

provate anche con il riso nero

ricetta

Mescolate il grano saraceno con 1-2 cucchiai di salsa.
Mettetelo in due ciotole e aggiungete i funghi e il pak choi.
Irrorate con la salsa rimasta, salate e pepate.

POMODORI ARROSTITI & FAGIOLI BIANCHI

preparazione: 15 minuti

per 2 persone

250 g di farro spelta cotto (110 g crudo)
150 g di fagioli bianchi in scatola, sgocciolati e risciacquati
200 g di pomodori datterini arrostiti
50 g di foglioline di rucola
3-4 cucchiai di chimichurri (p. 178)
1 cucchiaio di olio extravergine d'oliva
Sale e pepe di mulinello

provate anche con il farro

ricetta

Mescolate la rucola con il cucchiaio d'olio.
Disponetela in due piatti. Aggiungete il farro spelta, i fagioli e i pomodori.
Salate e pepate. Irrorate con la salsa chimichurri.

PIATTO MEDITERRANEO

preparazione: 15 minuti

per 2 persone

200 g di farro cotto (100 g crudo)
80 g di cetriolo, tagliato a dadini
100 g di ceci in scatola, sgocciolati e risciacquati
40 g di feta, tagliata a dadini
30 g di olive Kalamata, tagliate a metà
140 g di topping di pomodori ciliegino (p. 184)
Sale e pepe di mulinello

provate anche con la quinoa

ricetta

Mettete il farro, i ceci, il cetriolo, le olive e la feta in due piatti. Aggiungete il topping di pomodorini e irrorate con un po' del suo olio. Salate e pepate.

FAGIOLI NERI & GUACAMOLE

preparazione: 15 minuti

per 2 persone

200 g di riso integrale cotto (80 g crudo)
150 g di guacamole pronto
150 g di fagioli neri in scatola. sgocciolati e risciacquati
150 g di topping di pomodori ciliegino (p. 184)
Sale e pepe di mulinello
Una manciatina di chips tortillas (40 g), per completare

provate anche con la quinoa

ricetta

Mettete il riso, i fagioli e il guacamole in due ciotole.
Aggiungete il topping di pomodori ciliegino, salate e pepate.
Decorate con qualche chips tortillas.

TOFU TERIYAKI

preparazione: 15 minuti

per 2 persone

230 g di quinoa nera cotta (100 g cruda)
150 g di falde di peperone, saltate
200 g di tofu grigliato in padella (300 g crudo)
40 g di anacardi tostati
2-3 cucchiai di salsa teriyaki
Sale e pepe di mulinello

provate anche con il riso per sushi

ricetta

Mescolate la quinoa, il tofu e il peperone con 2 cucchiai di salsa. Disponete in due piatti. Completate con gli anacardi e irrorate con la salsa rimasta. Salate e pepate.

FALAFEL & BABA GANOUSH

preparazione: 15 minuti

per 2 persone

200 g di freekeh cotto (90 g crudo)
100 g di falafel
175 g di baba ganoush (caviale di melanzane) pronto
80 g di topping di pomodori ciliegino (p. 184)
25 g di pickles di cipolla rossa (p. 180)
Sale e pepe di mulinello
1 pane pita, grigliato e tagliato a spicchi, per completare

provate anche con il bulgur

ricetta

Mettete il freekeh, il baba ganoush, i falafel, il topping di pomodori ciliegino e i pickles di cipolla rossa in due piatti. Irrorate con un filo d'olio del topping. Salate, pepate e aggiungete gli spicchi di pane pita.

INSALATA CROCCANTE AL MISO

preparazione: 15 minuti

per 2 persone

200 g di riso basmati cotto (80 g crudo)
50 g di bietole da costa a gambo rosso o giallo, tritate finemente
50 g di cavolo, affettato finemente
60 g di carote tagliate a fiammifero
3-4 cucchiai di salsa al miso & limone verde (p. 172)
Sale e pepe di mulinello

provate anche con la quinoa

ricetta

Mescolate separatamente il riso, la bietola,
il cavolo e le carote con un po' di salsa.
Mettetele in due ciotole e regolate di sale e pepe.

PIATTI DI CARNE & PESCE

Tante ricette ricche di sapore, a base di proteine animali, verdure e cereali, adatte agli appetiti più robusti. Oltre ai piatti composti da vari ingredienti saporiti, il capitolo propone ricette pratiche da preparare con un'unica casseruola, come il brodo di pollo all'aneto (p. 130), o il Jambalaya con salsiccia (p. 134).

POLLO & CAVOLO CINESE

preparazione: 15 minuti

per 2 persone

80 g di cavolo cinese affettato
200 g di freekeh cotto (90 g crudo)
100 g di pollo cotto, tagliato a striscioline
3-4 cucchiai di salsa al miso & limone verde (p. 172)
2 cipollotti (25 g), affettati finemente
2-3 cucchiai di menta sminuzzata
Sale e pepe di mulinello
Una manciatina di arachidi, per completare (facoltativo)

provate anche con il bulgur

ricetta

Mescolate con la salsa il freekeh, il pollo, il cavolo, i cipollotti e la menta. Salate e pepate. Disponete in due piatti e cospargete di arachidi a piacere.

SALSICCIA & PEPERONE ROSSO

preparazione: 15 minuti

per 2 persone

200 g di grano saraceno cotto (75 g crudo)
150 g di salsiccia italiana dolce, cotta
125 g di friarielli, tritati
100 g di peperone rosso grigliato, tagliato a falde
3-4 cucchiai di olio piccante (p. 188)
Sale e pepe di mulinello

provate anche con l'orzo

ricetta

Mescolate separatamente il grano saraceno e i friarielli con 2 cucchiaini ciascuno di olio piccante. Disponete in due piatti e unite la salsiccia e i peperoni. Salate, pepate e irrorate di olio piccante.

POLLO SPEZIATO CON HARISSA

preparazione: 15 minuti

per 2 persone

175 g di pollo cotto, affettato
250 g di riso nero cotto (100 g crudo)
80 g di ceci in scatola, sgocciolati e risciacquati
120 g di topping di pomodori ciliegino (p. 184)
2 cucchiai di harissa
Sale e pepe di mulinello

ricetta

Mettete il riso, il pollo e i ceci in due piatti.
Aggiungete il topping di pomodori ciliegino e la harissa.
Salate e pepate.

MAIALE & MANGO ALLA CUBANA

preparazione: 15 minuti

per 2 persone

150 g di filetto o di punta di petto di maiale cotto, a fette
200 g di quinoa cotta (100 g cruda)
140 g di fagioli neri in scatola, sgocciolati e risciacquati
100 g di mango, tagliato a dadini
2 cipollotti, affettati finemente
3-4 cucchiai di salsa agli agrumi (p. 186)
Sale e pepe di mulinello

provate anche con il riso integrale

ricetta

Mescolate la quinoa e i fagioli neri in un'insalatiera con 2 cucchiai di salsa. Metteteli in due piatti. Unite le fette di maiale, il mango e il cipollotto. Irrorate con il resto della salsa, salate e pepate.

SALMONE AFFUMICATO & UOVO BAZZOTTO

preparazione: 15 minuti

per 2 persone

80 g di salmone affumicato
300 g di quinoa cotta (150 g cruda)
75 g di yogurt all'aneto (p. 170)
2 uova bazzotte, tagliate a metà
2 cipollotti, affettati per il lungo
e arricciati in acqua fredda
Sale e pepe di mulinello

provate anche con il freekeh

ricetta

Suddividete in due piatti la quinoa, il salmone, le uova e la salsa. Completate con il cipollotto, salate e pepate.

GAMBERETTI & ANANAS ALLA CARAIBICA

preparazione: 15 minuti

per 2 persone

250 g di riso integrale cotto (100 g crudo)
200 g di gamberetti saltati (con 1 ½ cucchiaino di spezie giamaicane), decorticati ma con la coda
1 avocado sbucciato, privato del nocciolo e affettato
150 g di ananas, tagliato a dadini
3-4 cucchiai di salsa agli agrumi (p. 186), mescolata con ½ cucchiaino di spezie giamaicane
Sale e pepe di mulinello
Un ciuffo di coriandolo (solo le foglie), tritato finemente

provate anche con il farro

ricetta

Mescolate il riso con la salsa. Disponeteli in due piatti.
Unite i gamberetti, l'ananas e l'avocado.
Salate, pepate e cospargete di coriandolo.

FARROTTO AGLI ASPARAGI

preparazione: 45 minuti

per 2 persone

125 g di farro crudo
100 g di pancetta, tagliata a dadini
250 g di asparagi, tagliati a tocchetti
700 ml di brodo di pollo
1 cucchiaio di olio extravergine d'oliva
Sale e pepe di mulinello
50 g di parmigiano, più un po' per cospargere
Un ciuffo di prezzemolo, tritato
1 cucchiaio di succo di limone

provate anche con l'orzo

ricetta

Rosolate la pancetta per 8-10 minuti finché non è croccante. Tenete da parte.
Versate il farro nella padella e doratelo per 2-3 minuti. Aggiungete il brodo, salate e pepate, portate a ebollizione e cuocete a fuoco basso per 20-25 minuti con il coperchio, fino a quando il farro non è quasi cotto.
Aggiungete gli asparagi, coprite e proseguite la cottura per 3 minuti. Incorporate il parmigiano e il succo di limone.
Disponete in due ciotole e completate con un po' di parmigiano, di pancetta rosolata e prezzemolo.

BRODO DI POLLO ALL'ANETO

preparazione: 40 minuti

per 2 persone

150 g di orzo perlato crudo
250 g di pollo crudo, tagliato a dadini
130 g di carote, tagliate a pezzetti
100 g di sedano, affettato
3-4 cucchiai di olio extravergine d'oliva
1 cucchiaio di succo di limone
Sale e pepe di mulinello
Un ciuffo di aneto tritato, per completare

provate anche con il riso integrale

ricetta

Scaldate 2 cucchiai di olio in una padella a fuoco medio-alto. Aggiungete i dadini di pollo e dorateli per 8 minuti. Tenete da parte. Versate l'orzo nella padella e doratelo per 1 minuto. Aggiungete l'olio rimasto, le carote e il sedano e cuocete per 2-3 minuti. Versate 900 ml d'acqua e i dadi di pollo con il succo di cottura. Portate a ebollizione e cuocete a fuoco basso per 30-35 minuti, per cuocere l'orzo e le verdure. Unite il succo di limone. Disponete in due ciotole, cospargete di aneto, salate e pepate.

CHORIZO & CAVOLO RICCIO

preparazione: 15 minuti

per 2 persone

250 g di grano intero (105 g crudo)
125 g di chorizo cotto, sbriciolato durante la cottura o tritato
75 g di cavolo riccio saltato
125 g di fagioli cannellini in scatola, sgocciolati e risciacquati
125 g di topping di pomodori ciliegino (p. 184)
Sale e pepe di mulinello

provate anche con il farro spelta

ricetta

Distribuite tutti gli ingredienti in due piatti. Salate e pepate.

JAMBALAYA CON SALSICCIA

preparazione: 45 minuti

per 2 persone

90 g di riso integrale crudo
2-3 cucchiai di olio extravergine d'oliva
150 g di salsiccia di trippa, tagliata a fettine
1 cipolla (30 g), tritata
1 peperone verde (30 g), tritato
1 cucchiaino di salsa creola
300 g di concassé di pomodoro all'aglio in scatola (con il succo)
Sale e pepe di mulinello
Cipollotto affettato, per decorare

provate anche con il farro

ricetta

Scaldate l'olio in una padella e dorate la salsiccia per 6-7 minuti. Tenete da parte. Mettete nella padella la cipolla, il peperone e la salsa creola e scaldate per 5-6 minuti, finché non sono teneri. Aggiungete il riso e dorate per 1-2 minuti. Versate i pomodori e 600 ml d'acqua, salate e pepate. Coprite e cuocete per 30 minuti circa, fino quando il riso non è morbido e la maggior parte del liquido non è assorbita. Servite in due piatti fondi o ciotole dopo aver cosparso di cipollotto.

CURRY DI POLLO

preparazione: 45 minuti

per 2 persone

90 g di riso integrale crudo
225 g di pollo crudo, a dadini
2 cucchiaini di curry
300 ml di latte di cocco
50 g di foglioline di spinaci
2 cucchiai di olio extravergine d'oliva
Sale e pepe di mulinello
Un ciuffo di coriandolo tritato, per completare

provate anche con il farro

ricetta

Scaldate l'olio nella padella e dorate i dadi di pollo per 8 minuti. Salate pepate e aggiungete il curry. Mettete il pollo su un lato della padella. Rosolate il riso per 1-2 minuti dall'altra parte. Versate 600 ml d'acqua e portate a ebollizione. Coprite e cuocete a fuoco basso per 30 minuti, finché il riso non è morbido. Aggiungete il latte di cocco e gli spinaci e continuate a cuocere. Disponete in due ciotole e cospargete di coriandolo.

BRODO MESSICANO CON LIMONE VERDE

preparazione: 30 minuti

per 2 persone

100 g di farro crudo
150 g di pollo arrosto, tagliato a striscioline
1 cucchiaio di olio extravergine d'oliva
2 cucchiaini di origano essiccato
2 cucchiai di succo di limone verde
Sale e pepe di mulinello
15 g di coriandolo tritato, spicchi di limone verde
e 3 ravanelli a fettine, per completare

provate anche con l'orzo

ricetta

Scaldate l'olio in una padella e rosolate il farro per 1-2 minuti. Cospargete di origano essiccato. Versate 700 ml di acqua e cuocete a fuoco basso per 15-20 minuti, fino a quando il farro non è morbido. Aggiungete il pollo e il succo di limone verde, salate e pepate. Servite in due ciotole, dopo aver cosparso di coriandolo, fettine di ravanello e spicchi di limone verde.

GAMBERETTI SPEZIATI

preparazione: 15 minuti

per 2 persone

250 g di orzo cotto (85 g crudo)
170 g di gamberetti cotti
85 g di funghi shimeji marroni cotti
2 uova al tegamino
3-4 cucchiai di olio piccante (p. 188)
Qualche fettina di peperoncino grigliato, per completare

provate anche con il riso integrale

ricetta

Mescolate l'orzo con 1-2 cucchiai di olio piccante.
Disponete in due piatti e aggiungete i gamberetti i funghi e le uova.
Irrorate con l'olio piccante rimasto e completate con il peperoncino grigliato.

GAMBERETTI & TACCOLE

preparazione: 15 minuti

per 2 persone

250 g di grano saraceno cotto (95 g crudo)
100 g di cavolo, affettato
200 g di gamberetti cotti
100 g di taccole (piselli mangiatutto), affettate e saltate
3-4 cucchiai di salsa di soia (p. 182)
Sale e pepe di mulinello
2 cucchiai di arachidi tritate

ricetta

Marinate il cavolo con 1 cucchiaio di salsa e un pizzico di sale.
In un'altra ciotola, mescolate il grano saraceno con 1 cucchiaio di salsa.
Mettete tutto in due piatti. Unite i gamberetti, le taccole e la salsa rimasta.
Salate, pepate e cospargete di arachidi.

TONNO ALLA GIAPPONESE

preparazione: 15 minuti

per 2 persone

200 g di tonno scottato in padella
250 g di riso per sushi cotto (95 g crudo)
1 avocado sbucciato, privato
del nocciolo e affettato
60 g di carote tagliate a fiammifero
½ cucchiaino di semi di sesamo nero e bianco
2-3 cucchiai di salsa di soia (p. 182)

provate anche con la quinoa

ricetta

Mettete in due ciotole il riso, il tonno, l'avocado e le carote. Irrorate con la salsa e cospargete di semi di sesamo.

BRODO DI MANZO AL FARRO

preparazione: 1 ora e 45

per 2 persone

90 g di farro crudo
280 g di manzo da brasato, tagliato a dadi
65 g di sedano, tagliato a pezzetti
75 g di carote, tagliate a pezzetti
50 g di funghi, tagliati in quattro
2 cucchiai di olio extravergine d'oliva
Sale e pepe di mulinello

provate anche con l'orzo

ricetta

Salate e pepate la carne. Scaldate l'olio in una casseruola e dorate i pezzi di manzo per 8-10 minuti. Tenete da parte. Mettete le verdure nella casseruola e cuocete per 5-6 minuti, per intenerirle. Tenete da parte. Rimettete la carne nella casseruola e versate 700 ml d'acqua. Coprite e cuocete a fuoco basso per 1 ora. Aggiungete il farro, le verdure e 200 ml d'acqua. Portate a ebollizione, coprite e proseguite la cottura per 30 minuti circa, finché la carne e il farro non sono cotti. Servite in due ciotole.

POLLO ALLA CALIFORNIANA

preparazione: 15 minuti

per 2 persone

230 g di farro cotto (115 g crudo)
140 g di pollo cotto, tagliato a dadini
1 avocado sbucciato, privato del nocciolo
e tagliato a dadini
40 g di semi germogliati
3-4 cucchiai di salsa alla senape (p. 174)
Sale e pepe di mulinello

provate anche con il grano saraceno

ricetta

Mescolate il farro con 1-2 cucchiai di salsa.
Disponete in due ciotole e aggiungete il pollo, l'avocado e i semi germogliati.
Irrorate con la salsa rimasta, salate e pepate.

BISTECCA & CAVOLINI DI BRUXELLES

preparazione: 15 minuti

per 2 persone

200 g di orzo perlato cotto (70 g crudo)
200 g di cavolini di Bruxelles, tagliati a metà e arrostiti (250 g crudi)
200 g di controfiletto di manzo grigliato, tagliato a fette
140 g di topping di pomodori ciliegino (p. 184)
40 g di pickles di cipolla rossa (p. 180)
Sale e pepe di mulinello

provate anche con il farro

ricetta

Disponete in due piatti l'orzo, le fettine di manzo e i cavolini di Bruxelles. Salate, pepate e completate con i pickles di cipolla rossa e il topping di pomodori ciliegino.

TONNO & FAGIOLI BIANCHI

preparazione: 15 minuti

per 2 persone

200 g di quinoa cotta (100 g cruda)
200 g di fagioli bianchi in scatola, sgocciolati e risciacquati
140 g di tonno in scatola, sgocciolato
2 cucchiai di capperi
3-4 cucchiai di chimichurri (p. 178)
Sale e pepe di mulinello

provate anche con il freekeh

ricetta

Disponete in due piatti la quinoa, il tonno, i fagioli e i capperi.
Irrorate con la salsa chimichurri, salate e pepate.

SALMONE & AVOCADO

preparazione: 15 minuti

per 2 persone

200 g di farro cotto (100 g crudo)
150 g di filetto di salmone, cotto
80 g di piselli mangiatutto (taccole), tagliati a pezzetti
1 avocado sbucciato, privato del nocciolo e affettato
3-4 cucchiai di salsa di soia (p. 182)
Sale e pepe di mulinello

provate anche con il grano saraceno

155

ricetta

Mescolate il farro con 1-2 cucchiai di salsa.
Disponete in due piatti e completate
con il salmone, i piselli mangiatutto e l'avocado.
Irrorate con la salsa rimasta, salate e pepate.

SPUNTATURA DI LOMBO AL CHIMICHURRI

preparazione: 15 minuti

per 2 persone

250 g di grano intero (105 g crudo)
200 g di spuntatura di lombo scottata in padella, tagliata a fette
125 g di patate ratte, tagliate a metà e arrostite
3-4 cucchiai di chimichurri (p. 178)
Sale e pepe di mulinello

provate anche con il farro spelta

ricetta

Disponete il grano, le patate e la carne in due piatti. Irrorate con la salsa chimichurri, salate e pepate.

MAIALE & FAGIOLINI

preparazione: 15 minuti

per 2 persone

200 g di riso integrale cotto (80 g crudo)
150 g di carne di maiale tritata
100 g di fagiolini, arrostiti in padella e tagliati a metà
100 g di piccoli pak choi, saltati e tagliati a metà
3-4 cucchiai di salsa di soia (p. 182)
Sale e pepe di mulinello

provate anche con il riso basmati

ricetta

Mettete in due piatti il riso, la carne, i fagiolini e il pak choi. Irrorate con la salsa, salate e pepate.

BRODO DI AGNELLO

preparazione: 2 ore e 15

per 2 persone

100 g di grano intero cotto
300 g di carne di agnello cruda, tagliata a dadi
2 cucchiai di olio extravergine d'oliva
150 g di carote, tagliate a rondelle grandi, di sbieco
50 g di piselli surgelati
100 g di cipolline cotte
Sale e pepe di mulinello

provate anche con il farro spelta

ricetta

Scaldate l'olio in una casseruola e scottate la carne per 8-10 minuti, finché non è ben dorata. Unite il grano e dorate per 1-2 minuti. Aggiungete 1,2 litri d'acqua e le carote e portate a ebollizione. Cuocete a fuoco basso per 1 ora e 30 - 2 ore il grano e l'agnello. Unite le cipolline e i piselli e portate a ebollizione. Salate e pepate. Servite in due ciotole.

POLLO FRITTO

preparazione: 15 minuti

per 2 persone

200 g di freekeh cotto (85 g crudo)
200 g scaloppine di pollo impanate, cotte, tagliate a fettine
80 g di cavolo riccio, affettato finemente
3-4 cucchiai di salsa alla senape (p. 174)
Sale e pepe di mulinello

provate anche con il bulgur

ricetta

Strofinate il cavolo riccio con un pizzico di sale e 1 cucchiaio di salsa per ammorbidirlo. Mettetelo in due piatti con il freekeh e il pollo. Irrorate con la salsa rimasta, salate e pepate.

AGNELLO KEBAB

preparazione: 15 minuti

per 2 persone

200 g di orzo cotto (70 g crudo)
150 g di agnello cotto, tagliato a dadi
60 g di cetriolo, tagliato a rondelle
80 g di pomodori, tagliati a pezzetti
60 g di yogurt all'aneto (p. 170)
Una manciatina di lattuga tagliata a striscioline
Un ciuffo di menta
Sale e pepe di mulinello

provate anche con il farro spelta

ricetta

Mettete l'orzo, l'agnello, il cetriolo e i pomodori in due piatti.
Salate, pepate e aggiungete un po' di yogurt,
Cospargete di lattuga tagliata a striscioline e di menta.

SFILACCI DI MAIALE & PICKLES DI CIPOLLA

preparazione: 15 minuti

per 2 persone

200 g di riso integrale cotto (100 g crudo)
150 g di spalla di maiale cotta, tagliata a striscioline
40 g di pickles di cipolla rossa (p. 180)
2 uova bazzotte, tagliate a metà
Sale e pepe di mulinello
Salsa alla senape (p. 174)
30 g di cavolo affettato (facoltativo)

provate anche con il farro

ricetta

Mettete il riso, la carne, i pickles di cipolla rossa, il cavolo (se lo usate) e le uova in due piatti. Aggiungete la salsa, salate e pepate.

SALSE & TOPPING

Le salse e i topping proposti in questo capitolo legheranno a meraviglia gli ingredienti che utilizzerete nelle varie ricette. Abbinateli a piacere alle vostre preparazioni, per ottenere maggiore consistenza e gusto. Le quantità proposte possono servire per più utilizzi. Salse e topping si conservano fino a una settimana in frigorifero.

YOGURT ALL'ANETO

per 250 ml

200 g di yogurt bianco
2 cucchiai di aneto, tritato
2 cucchiai di succo di limone (1 limone)
½ cucchiaino di sale
½ cucchiaino di pepe di mulinello

10 minuti

ricetta

Mescolate in una ciotola lo yogurt
con l'aneto e il succo di limone. Salate e pepate.

SALSA AL MISO & LIMONE VERDE

per 125 ml

50 ml di olio dal gusto neutro
50 ml di aceto di riso
3 cucchiai di pasta di miso
1 cucchiaio di succo di limone verde

10 minuti

ricetta

Sbattete tutti gli ingredienti in una ciotola fino a quando il miso non si scioglie.

SALSA ALLA SENAPE

per 150 ml

1 cucchiaino di senape di Digione
1 cucchiaio di miele
1 cucchiaio di succo di limone
125 ml di olio extravergine d'oliva
¼ di cucchiaino di sale
¼ di cucchiaino di pepe di mulinello

10 minuti

ricetta

Sbattete il miele, la senape e il succo di limone in una ciotola fino a ottenere un composto omogeneo. Incorporate progressivamente l'olio, sempre sbattendo. Salate e pepate.

SALSA AL LATTICELLO & ERBE

per 225 ml

125 ml di latticello
2 cucchiai di maionese
2 cucchiai di panna acida
1 spicchio d'aglio, tritato finemente
2 cucchiaini di erbe aromatiche, tritate
¼ di cucchiaino di sale
¼ di cucchiaino di pepe di mulinello

10 minuti

ricetta

Sbattete il latticello, la panna acida, la maionese, l'aglio e le erbe in una ciotola fino a ottenere una salsa omogenea. Salate e pepate.

CHIMICHURRI

per 250 ml

25 g di coriandolo, tritato
25 g di prezzemolo, tritato
4 spicchi d'aglio, tritati finemente
3 cucchiai di aceto di vino rosso
150 ml di olio extravergine d'oliva
¾ di cucchiaino di scaglie di peperoncino frantumate
1 cucchiaino di sale

10 minuti

ricetta

Sbattete tutti gli ingredienti in una ciotola.

PICKLES DI CIPOLLA ROSSA

per 400 ml

1 cipolla rossa grande, affettata
230 ml di aceto di sidro
2 cucchiaini di sale
1 ½ cucchiaio di zucchero
½ cucchiaino di grani di pepe nero
1 foglia di alloro

40 minuti

ricetta

Scaldate l'aceto, il sale, l'alloro e lo zucchero a fuoco medio, mescolando, finché sale e zucchero non saranno sciolti. Aggiungete i grani di pepe. Mettete la cipolla in un vasetto da 400 ml e versatevi la marinata calda. Fate raffreddare per 30 minuti. I pickles si conservano 1 settimana in frigorifero.

SALSA ALLA SOIA

per 150 ml

125 g di salsa di soia
1 cucchiaino di olio di sesamo
3 peperoncini rossi, affettati finemente
1 spicchio d'aglio, tritato finemente
2 cucchiaini di zenzero grattugiato
3 cucchiai di olio extravergine d'oliva

10 minuti

ricetta

Sbattete tutti gli ingredienti in una ciotola.

TOPPING DI POMODORI CILIEGINO

per 450 ml

275 g di pomodori ciliegino,
a metà o in quattro se sono grandi
150 ml di olio extravergine d'oliva
40 g di cipolla rossa (½ cipolla), tritata finemente
2 cucchiai di aceto di Jerez
4 spicchi d'aglio, tritati finemente
1 cucchiaino di sale
½ cucchiaino di pepe di mulinello

10 minuti

ricetta

Mescolate delicatamente tutti gli ingredienti in una ciotola.
Trasferite la preparazione in un vasetto. Si conserva per 2-3 giorni in frigorifero.

SALSA AGLI AGRUMI

per 125 ml

1 cucchiaino di scorza di limone
1 cucchiaino di scorza di arancia
2 cucchiaini di succo di limone
2 cucchiaini di succo di arancia
2 cucchiaini di miele
1 cucchiaio di scalogno tritato finemente
150 ml di olio extravergine d'oliva
¼ di cucchiaino di sale

10 minuti

ricetta

Sbattete tutti gli ingredienti in una ciotola.
Conservate la preparazione in un contenitore ermetico in frigorifero.

OLIO PICCANTE

per 125 ml

15 g di aglio tritato finemente (1 cucchiaio)
¾ di cucchiaino di scaglie di peperoncino frantumate
½ cucchiaino di origano essiccato
100 ml di olio extravergine d'oliva
½ cucchiaino di sale
¼ di cucchiaino di pepe di mulinello

15 minuti

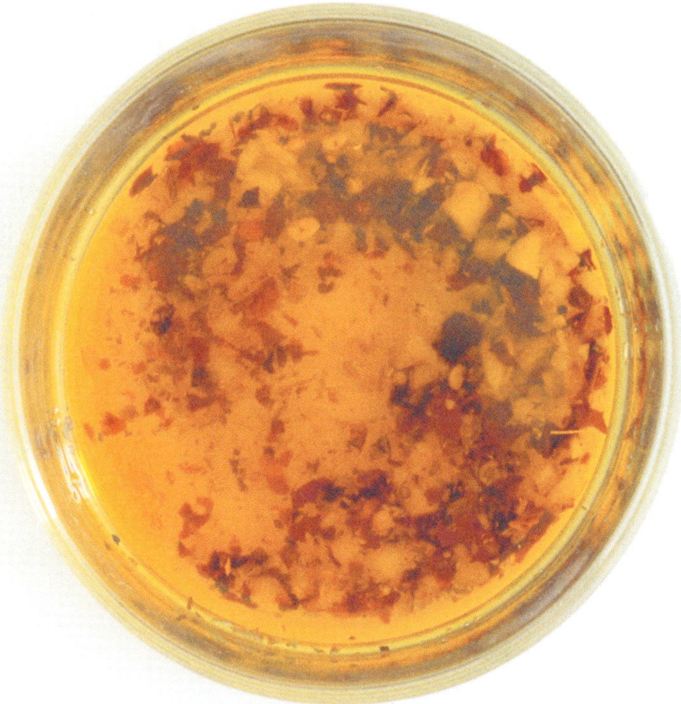

ricetta

Scaldate l'olio in una padella piccola fino a quando inizia a sfrigolare. Aggiungete l'aglio, sale e pepe, spegnete il fuoco e mescolate per 30 secondi. Aggiungete le altre spezie e lasciate in infusione per 15 minuti. Questo olio si conserva 1 settimana in frigorifero. Prima dell'uso portatelo a temperatura ambiente.

INDICE

RINGRAZIAMENTI

Ringrazio Catie Ziller per avermi dato l'opportunità di scrivere questo libro e per aver diretto così bene la nostra squadra.

Alice Chadwick e Kathy Steer per aver lavorato senza sosta per far nascere il nostro libro e renderlo così bello.

Sono molto riconoscente a Victoria Wall Harris per le sue bellissime foto, le sue ottime idee e il suo incoraggiamento. Grazie anche a Caroline Hwang per il prezioso aiuto e l'entusiasmo durante le sedute fotografiche.

Ringrazio infinitamente tutte le persone che mi hanno accolta nella loro cucina, fatto cucinare con loro e aiutata, in particolare Sarah Copeland e Chris Lanier.

E mio marito Rob, che ogni giorno mi fornisce più fonti di ispirazione. Grazie per i tuoi commenti costruttivi e per non rifiutarti mai di assaggiare un nuovo piatto.

Coordinamento editoriale: Catie Ziller
Autrice & Food stylist: Anna Shillinglaw Hampton
Assistente: Caroline Hwang
Fotografie: Victoria Wall Harris
Redazione testi: Delphine Billaut
Grafica: Frédéric Voisin

Traduzione dal francese di Rossella Savio

ISBN: 978-88-6722-238-4
Stampato in Italia, presso Stige, Torino

CARTA A BASE DI FIBRE CERTIFICATE

L'ippocampo utilizza carte composte da fibre naturali, rinnovabili, riciclabili e realizzate a partire da legname proveniente da foreste che adottano un sistema di gestione sostenibile.